PLAISIR DES SONS

Enseignement des sons du français

Cahier de l'élève

Massia KANEMAN-POUGATCH
E.L.C.F. Université de Genève

Élisabeth PEDOYA-GUIMBRETIÈRE
U.F.R. Didactique du F.L.E.
Université Paris III

ALLIANCE FRANÇAISE

HATIER / Didier

Imprimé en France

© Les Éditions Didier, Paris, 1990

ISBN 2-278-03765-0

////////// TABLE DES MATIÈRES //////////

LES VOYELLES ///

LES SEMI-VOYELLES //////////////////////////////////////

LES CONSONNES ///

DOSSIER 1

les sons

[j]   il

[y]   tu

[u]   vous

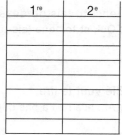

//////////////ÉCOUTE //////////////

1. Indiquez si le son **[y]** se trouve dans la 1ʳᵉ ou la 2ᵉ syllabe des mots suivants :

1ʳᵉ	2ᵉ

2. Indiquez si vous entendez le son **[y]** ou le son **[u]** dans les mots suivants :

[y]	**[u]**

3. Vous allez entendre une suite de mots groupés par trois. Un seul de ces mots contient le son **[y]**. Est-ce le 1ᵉʳ, le 2ᵉ ou le 3ᵉ mot ?

1ʳᵉ	2ᵉ	3ᵉ

4. Mettez une croix là où vous entendez le son **[y]** dans les phrases suivantes. Combien de fois entendez-vous ce son ?

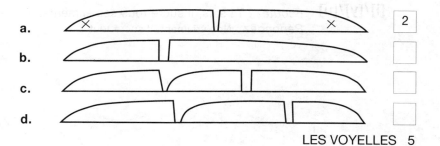

a.   2

b.

c.

d.

1 «Curieux»

[y]   *Écoutez :* Tiens, tu fais du dessin ?
           Répondez : Oui, et toi, que fais-tu ?

2 «Stupéfait»

[y]   *Écoutez :* Elle veut le lire.
           Répondez : Ah, elle ne l'a pas déjà lu ?

3 «Surpris»

[y]/[i]   *Écoutez :* Comme moi, elle va annuler son voyage.
           Répondez : Ah ! bon, toi aussi, tu l'annules ?

4 «Tu imagines ?»

[y]/[i]   *Écoutez :* Drôle de réussite !
           Répondez : Oui, mais qu'est-ce qu'elle va faire de cette réussite ?

5 «Surprenant»

[y]/[u]   *Écoutez :* Tu as noté son refus ?
           Répondez : Oui, pourquoi elle refuse comme ça ?

6 «Question d'habitude»

[i]/[y]/[u] *Écoutez :* Ça y est, je l'ai retournée.
             Répondez : Et elle, tu crois qu'elle a l'habitude de la retourner ?

7 «Dis-nous dans quel but !»

[i]/[y]/[u] *Écoutez :* J'ai trouvé plein de tissus.
             Répondez : Mais dans quel but tous ces tissus ?

8 «Tu as dit : tout !»

[i]/[y]/[u] *Écoutez :* Tu sais, il sucre tous ses aliments.
             Répondez : Non vraiment, il sucre tout ?

1. Écoutez les phrases suivantes et soulignez la lettre qui correspond au son **[y]**.

> Tu t'amuses avec ces rubans ?
> Tu as aperçu ma nouvelle voiture ?
> C'est très dur de s'arrêter de fumer !

Comment s'écrit le son **[y]** ici ?

2. Écoutez les phrases suivantes et soulignez la lettre qui correspond au son **[i]**.

> Il lit des livres très difficiles.
> Est-ce qu'elle sourit quand il dit toutes ces bêtises ?

Comment s'écrit le son **[i]** ici ?

3. Écoutez les phrases suivantes et soulignez les lettres qui correspondent au son **[u]**.

> Vous allez bien ? Vous êtes souriante aujourd'hui.
> Je le trouve très courageux de courir tous les matins.

Comment s'écrit le son **[u]** ici ?

4. Remplacer les blancs par les lettres «i», «u», «ou» selon ce que vous entendez.

> Bonj__r L__c__e, je te tr__ve rav__ssante auj__rd'hui, l'air de la
> v__lle te ré__ss__t, on dirait. Oh t__ as __ne j__pe s__perbe,
> j__ste au dess__s d__ gen__, c'est t__t-à-fait la mode, mais ce
> t__ss__ de vel__rs r__ge fait un peu vieux jeu.

> Oh d__s donc, t__ as l'__rlet déc__s__. Mais p__rquoi t__ fais
> cette m__e, j'ai d__t quelque chose qu__ t'as dépl__ ?
> Bon, je f__le, sal__t !

café bouillu café foutu

DIALOGUES : Au téléphone et dans la rue

— Salut, comment vas-tu ?
— Super bien.
— Drôlement réussie ta boum !
— Tu crois que ça leur a plu ?
— Mais ma puce, tu me tues avec tes questions stupides !

— Allo Julie, bonjour, c'est Hubert, tu vas bien ?
— Oui, ça va merci.
— Lucien est là ?
— Je suis désolée, il a dû sortir subitement, un appel urgent.
— Bon ben, je rappellerai dans une heure. Salut.
— Au revoir Hubert.

— Allo Paul, c'est Julien.
— Salut, comment vas-tu ?
— Bien merci, on peut se voir, ce soir ?
— Bien sûr !
— Je passe te prendre en voiture ; six heures, ça te va ?
— Très bien, je t'attendrai au coin de la rue.
— Bon ben, à ce soir.

— Excuse-moi Luc, tu n'as pas de nouvelles de Hugues, ça
   fait un moment qu'on ne l'a pas vu.
— Comment ! Tu ne sais pas ? Il liquide tout.
— Vraiment ! Il liquide tout ?
— Oui, et il vient d'ouvrir une petite usine ou si tu préfères une
   fabrique de tissus.
— Des tissus ? Mais dans quel but ? Tu crois qu'il a l'habitude
   de ce type de boulot ?
— Oh, tu sais, l'habitude ! Du moment que c'est lucratif !

POÈMES

Les puces

A Pic-,
    pus,
Les puces
    piquent.

Jean-Luc Moreau
Extrait de *"L'arbre perché"*
in *Enfance heureuse*
© Éditions Ouvrières

Si

Si tous les si
Avaient des scies
Je vous assure
Qu'on ne manquerait pas
Qu'on ne manquerait plus
De sciure
Pour nos confitures

Paul Vencensini
Pour un musée des amusettes (Tire-Lyre I)
© L'École des Loisirs, 1977

Colère

T'es-tu
T'es-tu dit,
Têtu !
Que tu m'importunes ?
Têtu, dis !
Têtu !
T'es-tu dit
Que tu roucoules pour des
prunes,
T'es-tu dit,
Têtu,
Que tu m'amuses,
Toi qui muses,
Et que tes muses
M'exaspèrent ?
T'es-tu dit,
Têtu,
Que tu m'uses
Et me désespères ?
Tu dis, têtu, que tu m'aimes ?
Chanson, baratin, poème !
Et que fais-tu,
Fétu ?
Va-t-en !
Attends,
Têtu !
Que je te dise, moi,
Que tu, que tu,
Que tu me tues
Têtu !
Têtu !
Tais-toi !

Jean Desmeuzes
La Nouvelle guirlande de Julie
© Éditions Ouvrières
«*Enfance heureuse*», 1976
Matière charmée
© Éditions Saint-Germain-des-Prés, 1979

les sons

[ə]   le

[e]   d'e

[ɛ]   lait

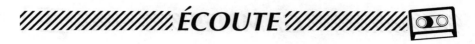

1. Mettez une croix dans la colonne = si les deux mots prononcés sont identiques ou dans la colonne ≠ s'ils sont différents.

[ə] /[e]

=	≠

[e]/[ɛ]

=	≠

2. Entendez-vous le son **[ə]** ou le son **[e]** dans les mots suivants :

[ə]	[e]

3. Indiquez si le son **[ə]** se trouve dans la 1ʳᵉ ou dans la 2ᵉ syllabe des mots suivants :

1ʳᵉ	2ᵉ

4. Indiquez si vous entendez le son **[e]** ou le son **[ɛ]** dans les mots suivants :

[e]	[ɛ]

//////////// GAMMES ////////////

1 «Sur-le-champ»

[ə]   *Écoutez :* Il faudrait repartir, non ?
        Répondez : D'accord, repartons tout de suite.

2 «Ne recommence pas !»

[ə]   *Écoutez :* Je reprends ce livre ?
        Répondez : Non justement, ne le reprends surtout pas !

3 «Mais s'il te plaît»

[ə]/[ɛ] *Écoutez :* Ah ! non, je ne peux pas boire ce vin.
         Répondez : Mais si enfin, bois-le !

4 «Il n'y a qu'à demander !»

[ə]/[e] *Écoutez :* Je vous remplace ce soir ?
[ɛ]   *Répondez :* Oui, vous pourriez encore me remplacer ?

5 «Hier...»

[ɛ]   *Écoutez :* Elle chante ça plutôt bien, non ?
        Répondez : Mais alors toi, chante comme elle chantait hier.

6 «Immédiatement»

[e]   *Écoutez :* Je tape les lettres ?
        Répondez : Oui, vous voudrez bien les taper rapidement.

7 «Comme c'est agréable !»

[e]/[ɛ] *Écoutez :* Alors, je chante ce morceau ou quoi ?
         Répondez : Ah! ben oui, ça serait gentil que vous le chantiez.

ÉCRITURE

1. Écoutez la phrase suivante et soulignez la lettre qui correspond au son **[ə]**.

> Ne reviens pas ce soir me chercher, je ne serai de retour que mercredi.

Comment s'écrit le son **[ə]** ici ?

2. Écoutez les phrases suivantes et soulignez la lettre ou les lettres qui correspondent au son **[e]**.

> Du thé ou du café pour le petit déjeuner ?
> Où as-tu mis la clé ? Il ne faut pas oublier de l'envoyer en recommandé.

Comment s'écrit le son **[e]** ici ?

3. Écoutez les phrases suivantes et soulignez la ou les lettres qui correspondent au son **[ɛ]**.

> Il faudrait que tu te lèves tôt si tu veux que je t'aide. Si tu fais des progrès en anglais, ta mère sera satisfaite.

Comment s'écrit le son **[ɛ]** ici ?

4. Remplacer les blancs par les lettres «e» ou la lettre «é» selon ce que vous entendez.

> Sois s__rieux n__ r__viens pas tard, il n'y a qu'une cl__ ; j'ai d__cid__ qu__ j__ n__ r__gard__rai pas la t__l__vision c__ soir.

5. Remplacer les blancs par les lettres «e» ou les lettres «ai» selon ce que vous entendez.

> Tu devr__s f__re l__ r__pas avant qu'il n__ r__parte, il a r__son de r__prendre la route dans dél__.

Je te tiens, tu me tiens par la barbichette.

SAVEZ-VOUS PASSER DE-CI DE-LÀ

Savez-<u>vous</u>	(on passe l'objet sur VOUS)
pas<u>ser</u>	(on passe l'objet sur -SER)
de-ci de-<u>ci</u>	(on passe l'objet sur le deuxième CI)
de-<u>là</u>	(on passe l'objet sur LÀ)
Savez-<u>vous</u>	(on passe l'objet sur VOUS)
pas<u>ser</u>	(on passe l'objet sur -SER)

ceci sans <u>vous</u>
trom<u>per</u>

(à CI, on présente l'objet à son voisin de droite sans le lâcher, toujours sans le lâcher on le présente à son voisin de gauche sur VOUS, on finit par le poser de nouveau à droite sur la dernière syllabe -PER, cette fois-ci en lâchant l'objet pour reprendre celui qui a été placé devant soi et recommencer le tout de plus en plus vite).

RECETTE

Nectar de melon

- 1 litre de lait
- 2 dl de crème fraîche
- 3 cuillerées à café de miel ou de sucre semoule
- 1 pincée de canelle
- le jus d'un demi-citron vert
- 1 melon
- 1 filet de Grand Marnier

Partagez le melon en deux et retirez les graines avec une cuillère à café. Ensuite videz le melon et coupez-le en petits dés. Ajoutez les dés de melon aux autres ingrédients et passez le tout au mixer pendant trente secondes, à vitesse maximale. Versez le liquide dans des verres et décorez-le avec des rondelles de citron vert, ou des cerises, selon votre préférence. Servez bien frais ! A votre santé !

DOSSIER 3

les sons

bleu

seul

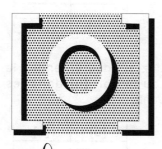

beau

sol

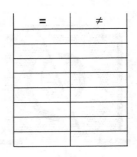

ÉCOUTE

1. Mettez une croix dans la colonne = si les deux mots prononcés sont identiques ou dans la colonne ≠ s'ils sont différents.

[ɛ] /[œ]

=	≠

[ɔ] /[œ]

=	≠

2. Vous allez entendre une suite de mots groupés par trois. Un seul de ces mots contient le son **[œ]**. Est-ce le 1er, le 2e ou le 3e mot ?

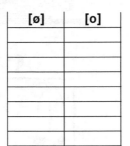

1re	2e	3e

3. Indiquez si vous entendez le son **[ø]** ou le son **[œ]** dans les mots suivants :

[ø]	[œ]

4. Indiquez si vous entendez le son **[ø]** ou le son **[o]** dans les mots suivants :

[ø]	[o]

5. Indiquez si vous entendez le son **[ø]** ou le son **[u]** dans les mots suivants :

[ø]	[u]

////////////// GAMMES //////////////

1 «Je peux...?»

[ø]   *Écoutez :* Est-ce que je peux faire un nœud ?
Répondez : Un nœud, quand tu veux !

2 «Très ambitieuse»

[ø]/[ɛ]   *Écoutez :* Elle aime bien danser.
Répondez : Dis et moi, je pourrai devenir danseuse ?

3 «Allez, mon vieux !»

[ø]/[e]/[ɛ]   *Écoutez :* Allez, montre un peu plus de courage.
Répondez : Si j'étais plus courageux, je pourrais aller avec eux ?

4 «Quelle faveur !»

[œ]   *Écoutez :* Prends donc du beurre.
Répondez : Vraiment, ça ne t'ennuie pas que je prenne du beurre ?

5 «Sacré imitateur»

[œ]/[e]/[ɛ]   *Écoutez :* Elle tient le rôle de l'institutrice.
Répondez : Et lui, il pourrait jouer l'instituteur ?

6 «Oh, c'est du neuf...»

[œ]/[ɛ]/[e]/[ɔ]   *Écoutez :* Ce bol est à jeter.
Répondez : Alors, laisse-moi acheter un bol neuf.

7 «Eux tout seuls ?»

[ø]/[œ]   *Écoutez :* Je crois que je vais le laisser partir sans eux.
Répondez : Mais eux, ils peuvent partir tout seuls ?

8 «Oh, qu'il est généreux !»

[ø]/[o]   *Écoutez :* Oh les belles roses !
Répondez : Dis, je peux lui apporter ces roses ?

9 «Petite pause»

[o]   *Écoutez :* Tiens, vous vous reposez ?
Répondez : Ça vous dérange si je me repose ?

////////////// ÉCRITURE //////////////

1. Écoutez la phrase suivante et soulignez les lettres qui correspondent au son **[ø]**.

Il est très malheureux quand il ne peut pas faire de feu pour eux dans sa cheminée.

Mathieu est tout joyeux quand il trouve la règle du jeu.

Comment s'écrit le son **[ø]** ici ?

2. Écoutez les phrases suivantes et soulignez les lettres qui correspondent au son **[œ]**.

Elle a passé une heure à me raconter ses malheurs. Elle était assise en pleurs dans le fauteuil, il était difficile de la laisser seule.

Comment s'écrit le son **[œ]** ici ?

3. Écoutez les phrases suivantes et soulignez la ou les lettres qui correspondent au son **[o]**.

Je voudrais un gros gâteau aux pruneaux.

Écoute ce concerto sans dire un mot.

Comment s'écrit le son **[o]** ici ?

4. Écoutez les phrases suivantes et soulignez la lettre qui correspond au son **[ɔ]**.

Je vais t'acheter une robe et des bottes assorties et je te les envoie par la poste.

Comment s'écrit le son **[ɔ]** ici ?

5. Remplacer les blancs par les lettres «eu» ou «eau» selon ce que vous entendez.

Il v__t des f__tres et du papier bl__ pour dessiner. Tu p__x demander à la vend__se de faire un paquet cad__.

Je p__x reprendre un d__xième morc__ de v__ farci, il est savour__x.

6. Remplacer les blancs par les lettres «o» ou «eu» selon ce que vous entendez.

Je s__rs, je vais chez le coiff__r, tu p__x me passer ton p__rtef__ille. J'ai p__r d'avoir tr__p p__ d'argent.

Je v__x faire changer la coul__r de mes chev__x et ad__pter une coiffure plus m__de.

Qui vole un œuf vole un bœuf

DIALOGUES

— Je peux sortir avec Pierrot et Mathieu ?
— Si tu veux, mais fais attention. Ils ont des jeux drôles,
   d'accord ! Mais souvent dangereux !

— Je voudrais encore un peu de gâteau, je peux ? C'est
   délicieux !
— Ça te plaît ? Comme je suis heureuse !

— Ah ! enfin des cigarettes, donne m'en deux, tu veux bien ?
— Mais mon coco, je te trouve bien nerveux !

— J'aimerais tant devenir chanteuse de tango, tu ne trouves
   pas ça rigolo ? S'il te plaît ?
— Si ça peut te rendre heureuse.

Ah les vieux !

Roméo : Oh papa, je peux sortir ce soir avec Jeannot. Ils vont
tous écouter de la musique chez Mathieu.

Père : Ah non, pas question. Demain tu as une épreuve de
géo.

Roméo : Oh papa, laisse-moi. Je te promets de rentrer de
bonne heure.

Père : Mais enfin, Roméo, tu n'es pas sérieux.

Roméo : Ça va, j'ai compris, mais si je vais me coucher tôt, tu
me laisseras aller jeudi au Macdo avec eux ? Allez
papa, s'il te plaît.

Père : Bon, ben, si tu veux, mais à condition que tu ne me
rapportes pas un zéro !

Roméo : (en aparté et serrant les dents) Ah les vieux !

DOSSIER 4

les sons

vin

un

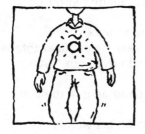

dans

on

1. Mettez une croix dans la colonne = si les deux mots prononcés sont identiques ou dans la colonne ≠ s'ils sont différents.

[õ]/[ã]

=	≠

[ã]/[ɛ̃]

=	≠

2. Mettez une croix si le mot contient le son **[ɛ̃]**.

[ɛ̃]

3. Indiquez si le son **[ɛ̃]** se trouve dans la 1re ou dans la 2e syllabe des mots suivants :

1er	2e

4. Vous allez entendre une suite de mots groupés par trois. Un seul de ces mots contient le son **[ã]**. Est-ce le 1ᵉʳ, le 2ᵉ ou le 3ᵉ mot ?

1ʳᵉ	2ᵉ	3ᵉ

5. Mettez une croix là où vous entendez le son **[ã]** dans les phrases suivantes. Combien de fois entendez-vous ce son ?

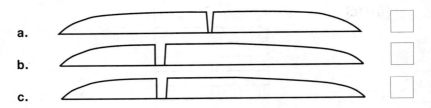

a.

b.

c.

6. Indiquez si le son **[õ]** se trouve dans la 1ʳᵉ, la 2ᵉ ou la 3ᵉ syllabe des mots suivants :

1ʳᵉ	2ᵉ	3ᵉ

7. Vous allez entendre une série de mots groupés par trois. Certains groupes contiennent les mêmes mots, d'autres des mots différents. Mettez une croix dans la colonne correspondante.

=	≠

1 «Elémentaire, mon cher»

[ã]   *Écoutez :* Tu as vu ce qu'il fait quand il chante ?
        Répondez : Et toi, tu ne pourrais pas faire ça en chantant ?

2 «Encore plus...»

[ã]   *Écoutez :* Dans cette situation, il faudrait pouvoir
                    séduire, non ?
        Répondez : C'est vrai, il faudrait être plus séduisant.

3 «Tout bonnement»

[ã]   *Écoutez :* Ce terrain n'est pas assez grand.
        Répondez : Pourquoi ne pas procéder à un agrandissement ?

4 «Voyons donc...»

[õ]   *Écoutez :* Vous ne buvez pas ?
        Répondez : Mais si, voyons, buvons.

5 «Suggestions»

[õ]   *Écoutez :* J'aimerais bien avoir une maison.
        Répondez : Ça te dirait qu'on ait une maison ?

6 «Imitation»

[õ]   *Écoutez :* Tu sais, ils répondent à cette annonce, eux.
        Répondez : Et si nous, nous répondions à cette annonce.

7 «Viens voir les comédiens»

[ɛ̃]   *Écoutez :* Vous savez, je connais bien l'Italie.
        Répondez : Alors, je vous suggère de jouer l'italien.

8 «Rien de plus simple»

[ɛ̃]   *Écoutez :* Tu ne pourrais pas venir avec nous ?
        Répondez : Oui, au fait, pourquoi je ne viendrais pas avec vous ?

9 «Rien qu'un instant»

[ã]/[ɛ̃]   *Écoutez :* De quelle prévoyance nous faisons preuve
             en ce moment !
             Répondez : Oui, mais il ne faudrait pas devenir imprévoyant.

10 «Potins et cancans»

[ã]/[ɛ̃]   *Écoutez :* Christiane est très gamine.
             Répondez : Oui, mais Christian, lui, devrait être moins gamin.

11 «Ah non, sans façon»

[ã]/[õ]   *Écoutez :* Si on allait au restaurant ?
             Répondez : Aller au restaurant, pas question !

12 «Dans le fond...»

[ã]/[õ]   *Écoutez :* Allez, on prend du vin ?
             Répondez : D'accord, prenons-en.

13 «Inconcevablement !»

[ã]/[õ]/[ɛ̃]   *Écoutez :* Il faudrait lui annoncer ça prudemment.
                 Répondez : Tu sais bien qu'il est impossible de lui annoncer ça
                 de façon prudente.

14 «C'est si bon...»

[ã]/[õ]/[ɛ̃]   *Écoutez :* Et si on invitait Alain, dimanche ?
                 Répondez : Inviter Alain dimanche, c'est bon !

1. Écoutez les phrases suivantes et soulignez les lettres qui correspondent au son **[ã]**.

> J'ai envie d'aller au restaurant dimanche, qu'en penses-tu ?
> Oh ! je préférerais aller danser en boîte.

Comment s'écrit le son **[ã]** ici ?

2. Écoutez les phrases suivantes et soulignez les lettres qui correspondent au son **[õ]**.

> Nous songeons à partir d'ici pour faire construire une maison, mais nous n'avons rien dit à personne.

Comment s'écrit le son **[õ]** ici ?

3. Écoutez les phrases suivantes et soulignez la ou les lettres qui correspondent au son **[ɛ̃]**.

> Ce gâteau plein de raisins est divin !
> Il est tout à fait serein, c'est l'indice qu'il est sur le chemin de la réussite.

Comment s'écrit le son **[ɛ̃]** ici ?

4. Remplacer les blancs par les lettres «on» ou «en» selon ce que vous entendez.

> __ nous ann__ce une réducti__ sur nos traitem__ts. Comm__t s'y pr__dre pour r__dre nos rev__dicati__s cohér__tes ?
> Nous pourri__s peut-être __ parler directem__t au patr__ et lui demander une comp__sati__.

5. Remplacer les blancs par les lettres «en» ou «in» selon ce que vous entendez.

> Je vais __v__ter un truc pour mettre Flor__ce et Mart__ __ prés__ce. Je les __viterai à pr__dre un pot et ils p__seront que la r__contre est due au hasard. S'ils sont __tellig__ts, ils compr__dront __f__ qu'il faut arrêter de laver leur l__ge sale __ famille et qu'ils n'ont plus l'âge de jouer aux gam__s.

Noël au balcon, Pâques au tison

CHEZ LE BROCANTEUR

Regardez ce dessin, relevez tous les objets qui contiennent une nasale et écrivez le nom de certains d'entre eux :

Inventez une histoire en utilisant tous les objets ci-dessus.

MOTS CROISÉS

Trouvez le mot qui correspond à chaque définition et écrivez le premier mot verticalement, le deuxième mot horizontalement, le troisième verticalement, le quatrième horizontalement, etc.
Continuez ainsi en cherchant des mots et leur définition.

1. La femme de mon oncle
2. Sert à peser
3. Entourer
4. Celui qui peint
5. Relie deux rives

etc.

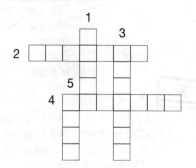

PROVERBES

Rassemblez les proverbes dont les éléments sont dispersés :

ABSTIENS-TOI   RÉCOLTE LA TEMPÊTE   QUI SÈME LE VENT

QUI SE RESSEMBLENT   DANS LE DOUTE

QUI N'A POINT D'ARGENT

N'A POINT D'AMIS   S'ASSEMBLENT

Mettez un de ces proverbes sous chaque dessin :
L'appétit vient en mangeant
Poussin chante comme le coq lui apprend
Qui sème le vent récolte la tempête
Tout vient à point à qui sait attendre

DIALOGUES

«Ah les vacances !»

Jean : Et dis donc, pour les vacances, on pourrait aller en Angleterre ou en Irlande.

Laurence : Pourquoi partir si loin ? Restons simplement en France : les montagnes sont grandioses, les campagnes tranquilles et l'océan à portée de main.

Jean : Dans le fond, tu as raison et on dépensera moins d'argent.

«Malentendu»

Léon : Mais, qu'est-ce que tu as Clémentine ?

Clémentine : Rien, la vie est déprimante.

Léon : Ça passera, je t'invite au restaurant, tu veux bien ?

Clémentine : Non !

Léon : Bon, alors allons chez des copains.

Clémentine : Non, je n'ai pas envie.

Léon : Mais qu'est-ce qui te prend ? Tu es agaçante à la fin, tu veux aller en boîte ?

Clémentine : Oh Léon, tu ne comprends rien, j'ai envie qu'on reste tranquille à la maison, sans copain, sans télévision, sans agitation et que tendrement, en me prenant la main, tu me racontes des histoires fantastiques, comme avant !

Léon : Et tu trouves ça marrant ?

POÈMES

Si mon père était un ourson

Si mon père était un ourson,
Ma tante Alice un gros pigeon,
Si mon oncle était un trapèze,
Ma sœur Anne, un bâton de chaise,
Si ma marraine était un mât,
Mon grand frère, un œuf sur le plat,
Si mon maître était une autruche,
Et l'école, une vieille cruche,
Je ne sais pas comment irait
Le monde étroit que je connais,
Mais je rirais, ah, je rirais
A faire sauter les volets.

Écrivez un autre poème contenant un maximum de nasales sur le même modèle :

Si mon père était un ourson,
Ma tante Alice un gros pigeon,
....
....
....
....
....
....
....

Maurice Carême
L'Arlequin
Nathan, 1970
©Fondation Maurice Carême
Bruxelles

Vous venez d'étudier la plupart des voyelles françaises, essayez de les replacer sur le bonhomme sonore en vous aidant des images qui illustrent les sons, au début de chaque dossier.

les sons

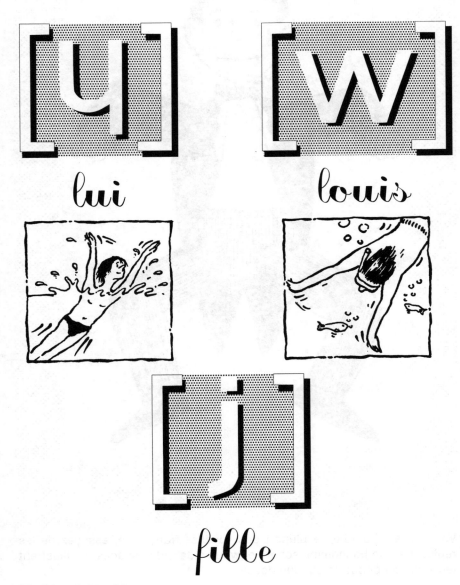

[ɥ]

lui

[w]

louis

[j]

fille

1. Mettez une croix dans la colonne = si les deux mots prononcés sont identiques ou dans la colonne ≠ s'ils sont différents.

[ɥ]/[w]

=	≠

2. Mettez une croix dans la colonne = si les deux mots prononcés sont identiques ou dans la colonne ≠ s'ils sont différents.

[j]/[ʒ]

=	≠

3. Vous allez entendre une suite de mots. Ils contiennent soit le son **[ɥ]** soit le son **[w]**, mettez une croix dans la colonne correspondante.

[ɥ]	[w]

4. Mettez une croix là où vous entendez le son **[j]** dans les phrases suivantes. Combien de fois entendez-vous ce son ?

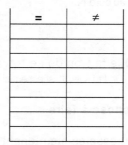

a.

b.

c.

LES SEMI-VOYELLES 31

1 **«Persuadé»**

[ɥ] *Écoutez :* Tu pars au mois de juin, oui ou non ?
  Répondez : Cette fois, je suis obligé de partir.

2 **«Et ensuite...?»**

[ɥi] *Écoutez :* Il faut le conduire, hein ?
  Répondez : Bien sûr, il est indispensable qu'on le conduise.

3 **«Quoi ! Aujourd'hui ?»**

[ɥ] /[w] *Écoutez :* Ça ne fait rien si tu ne peux pas louer ce studio.
  Répondez : Non, non, il faut absolument que je puisse le louer
  aujourd'hui.

4 **«C'est l'essentiel»**

[j] *Écoutez :* Que fait-on de ce travail ?
  Répondez : Oh ! tu sais, il est essentiel de garder ce travail.

5 **«Il y a toujours quelque chose à faire»**

[j]/[ɛ] *Écoutez :* Tu essaies maintenant ?
  Répondez : Oui, j'ai cet essayage à faire.

6 **«Tout de suite, voyons»**

[j]/ [ɥ]/[w] *Écoutez :* Tu ne le réveilles pas ?
  Répondez : Si, si, je dois le réveiller tout de suite.

1. Écoutez les phrases suivantes et soulignez la lettre qui démarre le son [ɥ] + voyelle.

> Je suis dans les nuages aujourd'hui.
> Rends-le muet sinon il va nous épuiser avec tout le bruit qu'il produit.

Comment s'écrit le son [ɥ] ici ?

2. Écoutez les phrases suivantes et soulignez les lettres qui démarrent le son [w] + voyelle.

> Tu sais ce qu'il veut comme jouet : une bouée en forme de mouette !
> J'ai enfoui l'argent au fond de mon sac.

Comment s'écrit le son [w] ici ?

3. Écoutez les phrases suivantes et soulignez la ou les lettres qui correspondent au son [j].

> Réveille-moi avant de partir, il faut que j'aille à l'agence pour payer et prendre les billets.

Comment s'écrit le son [j] ici ?

4. Remplacez les blancs par les lettres «u» ou «ou» selon ce que vous entendez.

> Je s__is obligé de l__i dire __i tout de s__ite sinon il va l__er le studio à quelqu'un d'autre. Ça m'enn__ie. Je ne peux rien faire pour le pers__ader d'attendre car il m'a av__é qu'il ne voulait pas contin__er à chercher quelqu'un pour le mois de j__in.

5. Remplacez les blancs par les lettres «g» ou «y» selon ce que vous entendez.

> Tu es ra__onnante depuis ton retour d'É__ypte, on peut ima__iner que tu ne t'es pas ennu__ée pendant ce vo__a__e.
> Tu aurais dû m'obli__er à bou__er.
> C'est incro__able, j'ai passé mon temps à faire du netto__a__e et à réparer des tu__aux, ce n'est plus de mon â__e.

////// RÉCRÉATION //////

La pluie du matin réjouit le pèlerin.

PASTICHE

Voici un poème de Luc Bérimont :

Il va pleuvoir

Il va pleuvoir
Les marronniers sont noirs

S'il tombe de l'eau, bernique
Je pars pour la Martinique

S'il tombe du vin, c'est bien
J'en remplis un cruchon plein

S'il arrive de la grêle
C'est tant pis pour nos ombrelles

S'il fait un ciel de grand vent
Les corbeaux sont contents

Mais s'il fait un ciel lilas
Sortez tous vos falbalas !

© Éditions Saint-Germain-des-Prés, Paris, 1974

En gardant certains mots, composez un poème sur le même modèle :

....
....
....
....
....
....
....
....
....
....

LES HUIT COMMANDEMENTS

• Il ne faut pas faire de bruit l'après-midi.
• Il ne faut pas conduire vite dans le brouillard.
• Il ne faut pas s'enfuir devant les petits ennuis.
• Il ne faut pas s'épuiser au travail.
• Il ne faut pas tout détruire avant de reconstruire.
• Il ne faut pas nuire à autrui.
• Il ne faut pas tuer sa voisine.
• Il ne faut pas poursuivre de ses assiduités celui qui vous fuit.

Trouvez d'autres commandements ou transformez ceux qui vous sont donnés.

DOSSIER 6

les sons

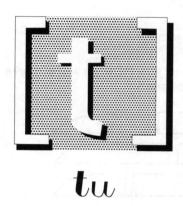

tu

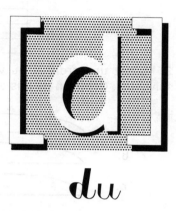

du

////////////// ÉCOUTE ////////////// 📼

1. Mettez une croix dans la colonne = si les deux mots prononcés sont identiques ou dans la colonne ≠ s'ils sont différents.

[t]/[d]

=	≠

2. Mettez une croix là où vous entendez le son **[t]** dans les phrases suivantes. Combien de fois entendez-vous ce son ?

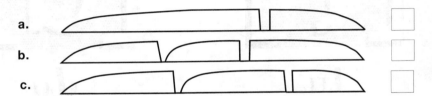

a.

b.

c.

3. Mettez une croix là où vous entendez le son **[d]** dans les phrases suivantes. Combien de fois entendez-vous ce son ?

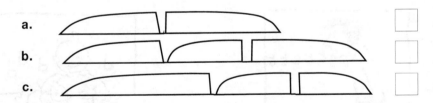

a.

b.

c.

4. Vous allez entendre une suite de mots. Ils contiennent soit le son **[t]**, soit le son **[d]**, mettez une croix dans la colonne correspondante.

[t]	[d]

1 «Drôle d'homme»

[d]   *Écoutez :* Pourquoi ne donne-t-il pas son avis ?
Répondez : Ah ! oui, il devrait le donner.

2 «Un homme de décision»

[d]   *Écoutez :* Il a décidé de ne plus manger à midi.
Répondez : C'est ridicule, il vaudrait mieux qu'il mange.

3 «A ta place...»

[t]   *Écoutez :* Est-ce que je dois taper cette lettre ?
Répondez : Écoute, à ta place, je ne la taperais pas.

4 «Le blues du réalisateur»

[t]   *Écoutez :* Je n'ai aucune envie de tourner cette scène.
Répondez : Je serais toi, je la tournerais quand-même.

5 «Conseil d'ami»

[t]/[d]   *Écoutez :* Tu crois vraiment que je dois débrancher
mon téléphone ?
Répondez : Ah ! oui, tu aurais intérêt à le débrancher.

6 «De toute évidence !»

[d]/[t]   *Écoutez :* Et ces lettres, je les détruis ?
Répondez : Ben oui, pourquoi tu ne détruirais pas ces
lettres ?

1. Écoutez les phrases suivantes et soulignez la ou les lettres qui correspondent au son **[d]**.

> C'est par la discussion que vous parviendrez à les faire changer d'avis.
> Elle devrait se conduire différemment lorsqu'elle demande l'addition.

Comment s'écrit le son **[d]** ici ?

2. Écoutez les phrases suivantes et soulignez la ou les lettres qui correspondent au son **[t]**.

> Tu aurais intérêt à terminer ton travail ce matin.
> A ta place, je partirais sans attendre, car le théâtre est assez loin d'ici.

Comment s'écrit le son **[t]** ici ?

3. Remplacer les blancs par les lettres «t» ou «d» selon ce que vous entendez :

> __enise, je serais __oi, je comman__erais __u __hon na__ure et non pas __e la __ar__e à la __oma__e. __u __e plain__ras après que __u n'arrê__es pas __e grossir.
> Écou__e __hérèse, __u ne m'ai__es pas en me __ic__ant ma con__ui__e __e manière aussi __irec__ive.

Jamais deux sans trois

DESSINS ET LÉGENDES

Complétez les dessins ci-dessous au moyen des légendes suivantes :

Je serais toi, je prendrais rendez-vous chez le dentiste.
Décidément, tu devrais te détendre.
A ta place, je tournerais à droite.
Tu aurais plutôt intérêt à te taire.
Tu aurais intérêt à te dépêcher.

 **DIALOGUES**

— Dis donc, la décoration d'intérieur, ça te paraît intéressant ?
— Je serais toi, je ferais plutôt des études d'architecture. Tu trouveras davantage de travail.

— Je lui dis tout ?
— Moi je te conseille plutôt de te taire.

— Mon prof de tennis n'arrête pas de me dire des choses désagréables !
— Tu aurais intérêt à le laisser tomber.

Discussion technique

M. Minitel	(conseiller en informatique)
M. Duchamp	(directeur commercial)
M. Minitel :	Et maintenant Monsieur Duchamp, permettez-moi de jeter un coup d'œil sur les conditions d'achat de ces ordinateurs.
M. Duchamp :	Tenez, voilà le contrat.
M. Minitel :	A première vue, je serais vous, j'attendrais encore quelque temps. Ce type de modèle n'est pas encore totalement compétitif.
M. Duchamp :	Pourtant, le représentant m'avait donné toutes les garanties d'une excellente performance.
M. Minitel :	Vous auriez plutôt intérêt à prendre votre temps et à vous adresser à une maison concurrente avant de prendre une décision. En attendant vous devriez me laisser un double pour que je puisse l'étudier plus attentivement et prendre davantage de renseignements.
M. Duchamp :	C'est entendu, Monsieur Minitel, tenez-moi au courant !

POÈME

Il faut faire signe au machiniste

La dame attendait l'autobus
le monsieur attendait l'autobus
passe un chien noir qui boitait
la dame regarde le chien
le monsieur regarde le chien
et pendant ce temps-là l'autobus passa

Raymond Queneau
«Adieu ma terre ronde»
in *Courir les rues*
© Éditions Gallimard

DOSSIER 7

les sons

 pas

 beau

1. Mettez une croix dans la colonne = si les deux mots sont identiques ou dans la colonne ≠ si les deux mots sont différents.

[p]/[b]

=	≠

2. Les mots suivants contiennent-ils le son **[p]** ?

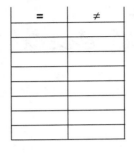

[p]

3. Mettez une croix là où vous entendez le son **[p]** dans les phrases suivantes. Combien de fois entendez-vous ce son ?

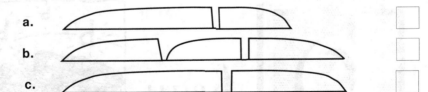

a.

b.

c.

4. Mettez une croix, là où vous entendez le son **[b]** dans les phrases suivantes. Combien de fois entendez-vous ce son ?

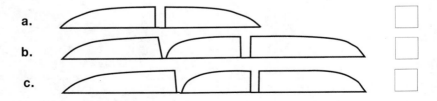

a.

b.

c.

///////////// GAMMES /////////////

❶ «Portrait»

[p]   *Écoutez :* J'ai l'impression que Pierre est paresseux.
                    Répondez : Paresseux, ça se peut !

❷ «Possibilités illimitées»

[p]   *Écoutez :* Peut-il le faire ?
                    Répondez : Alors là, je ne sais pas s'il peut le faire.

❸ «Quel affublement !»

[b]   *Écoutez :* Tu as vu son habit ?
                    Répondez : Oh ! ça, c'est un drôle d'habit !

❹ «Bonnes questions !»

[b]   *Écoutez :* Il faut que je boive ça, tu crois ?
                    Répondez : A mon avis, tu devrais le boire.

❺ «Pauvre diable !»

[p]/[b]   *Écoutez :* Il n'est pas possible !
                    Répondez : Ah ! oui, il est tout à fait impossible !

❻ «Petite bouffe»

[p]/[b]   *Écoutez :* Je mets du beurre ?
                    Répondez : Oh ! oui, un peu de beurre, c'est possible.

1. Écoutez les phrases suivantes et soulignez la ou les lettres qui correspondent au son **[p]**.

> Vous apporterez ce qu'il faut pour faire du pain.
> Personne ne peut comprendre pourquoi il est reparti aussi rapidement.

Comment s'écrit le son **[p]** ici ?

2. Écoutez les phrases suivantes et soulignez la ou les lettres qui correspondent au son **[b]**.

> Il nous a souhaité la bienvenue avec beaucoup d'amabilité.
> Il a peut-être les yeux bleus, mais il n'est pas brillant en public.

Comment s'écrit le son **[b]** ici ?

3. Remplacez les blancs par la lettre «p» ou «b» selon ce que vous entendez :

> Il est __ossi__le que je ne __uisse __as re__artir en __ateau avec lui.
> Je ne com__rends __as comment elle __eut __orter des __as aussi __ariolés.
> Il est inca__a__le de __oire du __ordeaux à tous les re__as.
> D'ha__itude, je le trouve __ien, mais de__uis quelque temps il devient im__uva__le et __ar__ant quand il croit __osséder la __onne __arole.

/////////////. RÉCRÉATION /////////////

Bien mal acquis ne profite jamais

JE T'AIME UN PEU, BEAUCOUP,
PASSIONNÉMENT, À LA FOLIE, PAS DU TOUT !

Lorsqu'on porte un jugement sur quelqu'un, on peut utiliser l'un des énoncés ci-dessous :

— il me plaît beaucoup
— je le trouve superbe
— elle est parfaite
— il est très bien de sa personne
— il est très beau et très bon
— elle n'est pas mal du tout
— il est assez bien, assez beau
— il n'est pas terrible
— il est plutôt moche
— il est barbant et casse-pieds
— il est très sympa
— il est super
— il est pitoyable
— elle me fait pitié tellement elle est bête
— il est repoussant

Complétez cette liste, puis portez un jugement sur les photos ci-dessous :

LES PETITES ANNONCES

Inventez une petite annonce
et répondez-y.

Postier, emploi stable,
cherche belle brune
pour partager bonheur
et plénitude.

Belle blonde, yeux bleus,
études supérieures,
rencontrerait partenaire
battant et passionné pour
vie pétillante et pleine
de promesses.

Petit poussin perdu
cherche abri hospi-
talier et apaisant.

 DIALOGUES

— Regarde ce tableau, il me plaît beaucoup !
— Oui, mais on n'a pas les moyens de se le payer !

— Mais elle est très bien cette personne !
— Bien entendu, mais en apparence surtout !

— Qu'il est barbant ce prof !
— Peut-être, mais qu'est-ce qu'il est beau !

— Elle me fait pitié tellement elle est bête !
— Tu n'es pas très bienveillante avec cette pauvre fille !

*Parlez-moi d'amour**

Pauline :	Ne trouves-tu pas, Bérangère, qu'il est bien fait de sa personne ?
Bérangère :	Il me semble.
Pauline :	Que ses paroles comme ses actions ont quelque chose de noble ?
Bérangère :	Il se peut.
Pauline :	Qu'on ne peut rien entendre de plus passionné que tout ce qu'il me dit ?
Bérangère :	Bien sûr !
Pauline :	Qu'il a l'esprit le plus brillant du monde ?
Bérangère :	J'en suis persuadée.
Pauline :	Mais ma pauvre Bérangère, crois-tu qu'il m'aime autant qu'il le prétend ?

*cf. *Le Malade imaginaire* de Molière (Acte I - Scène 4)

Trois siècles plus tard : les paroles passent, les nobles sentiments persistent (version branchée).

Paroles sur un parking

Patricia :	Dis Brigitte, mon copain, il est super, non ?
Brigitte :	Ouais, pas mal.
Patricia :	Et puis, il est vachement sportif : planche à voile, patins, pas triste le mec, tu vois ?
Brigitte :	Ben c'est bien pour toi ?
Patricia :	Et c'est pas tout, avec lui, c'est l'imprévu, tu vois, sympa, branché et tout.
Brigitte :	Et bien alors, c'est parfait, de quoi tu te plains ?
Patricia :	Brigitte dis-moi, tu crois qu'il m'aime autant qu'il le prétend ?

 **POÈME**

Le Blaireau

Pour faire ma barbe
Je veux un blaireau,
Graine de rhubarbe,
Graine de poireau.

Par mes poils de barbe !
S'écrie le blaireau,
Graine de rhubarbe,
Graine de poireau.

Tu feras ta barbe
Avec un poireau,
Graine de rhubarbe,
T'auras pas ma peau.

Robert Desnos
Chantefables et Chantefleurs
© Gründ

DOSSIER 8

les sons

 beau

 vite

48

1. Mettez une croix dans la colonne = si les deux mots sont identiques, ou dans la colonne ≠ si les deux mots sont différents.

[b]/[v]

=	≠

2. Vous allez entendre une suite de mots. Ils contiennent soit le son **[b]** soit le son **[v]**. Mettez une croix dans la colonne correspondante.

[b]	**[v]**

3. Mettez une croix là où vous entendez le son **[v]** dans les phrases suivantes. Combien de fois entendez-vous ce son ?

a.

b.

c.

4. Le son **[b]** apparaît-il dans la 1re ou la 2e syllabe des mots suivants ?

1re	2^e

//////////// GAMMES ////////////

1 «Bariolé»

[b]
Écoutez : Tiens, voilà le beige que tu cherchais.
Répondez : Ah non, ce n'est pas le même beige.

2 «Un beau parti»

[b]
Écoutez :Je le trouve très beau.
Répondez : Ben oui, il est très beau et alors ?

3 «Valeur sûre !»

[v]
Écoutez : Elle aime le sport, non ?
Répondez : En effet, c'est une personne très sportive.

4 «Oh la vache !»

[v]
Écoutez : Il est vachement* vulgaire, non ?
Répondez : Oh ! là, là, quelle vulgarité !

* vachement *(familier)* : très.

5 «De vrais bobards*»

[b]/[v]
Écoutez : Peut-on le laver ?
Répondez : Bien sûr, c'est tout à fait lavable.

* bobard *(familier)* : mensonge.

6 «Pauvre bougre* !»

[b] ou **[v]**
Écoutez : Qu'est-ce que tu as au ventre ?
Répondez : Je ne sais pas, mais j'ai vraiment mal au ventre.

* bougre *(familier)* : individu.

1. Écoutez les phrases suivantes et soulignez la lettre qui correspond au son **[b]**.

> Elle est superbe et a bonne mine.
> C'est un beau bébé bien habillé.

Comment s'écrit le son **[b]** ici ?

2. Écoutez les phrases suivantes et soulignez la lettre qui correspond au son **[v]**.

> J'ai envoyé tous mes vieux vêtements à la laverie automatique.
> Il a vraiment de la veine de pouvoir encore bouger après ce qui lui est arrivé aux vertèbres.

Comment s'écrit le son **[v]** ici ?

3. Remplacer les blancs par la lettre «b» ou «v» selon ce que vous entendez :

> Il a le __isage __lême et je ne __ois pas ce qui lui est arri__é.
> Il ou__lie tout et il me sem__le rêveur. A-t-il eu des pro__lèmes gra__es ou est-il tout __onnement amoureux ?
> __isi__lement, il est très pertur__é. C'est très __izarre de l'o__ser__er, car il ne nous a pas ha__itués à une telle __ulnéra__ilité.

Quand le bâtiment va tout va

BONHOMME À HABILLER

Cherchez toutes les parties du corps qui contiennent le son **[b]** ou **[v]**.

....
....
....
....
....
....
....
....
....
....
....

Habillez le bonhomme de vêtements contenant le son **[b]** ou **[v]**.

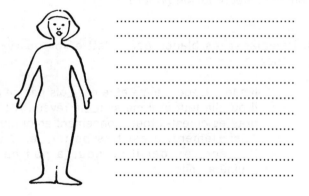

....
....
....
....
....
....
....
....
....
....

DIALOGUES

— Mais tu es superbe, qu'est-ce qui t'arrives ?
— Ben, je reviens de vacances !

— Tu as bonne mine, tu sais Valérie !
— Et pourtant je suis crevée, j'ai un de ces boulots !

— Mais qu'est-ce que tu es belle en ce moment !
— Normal je vais avoir un bébé !

— Mais tu es toute blanche, tu ne vas pas t'évanouir ?
— Je ne sais pas ce que j'ai bouffé, mais j'ai un de ces mal de ventre !

Chez le toubib

Brock : Alors de quoi souffrez-vous ?

Le Tambour : Attendez que je me souvienne. Voilà, quand je prends un bain, il y a des fois que je sens comme des espèces de vagues tremblements qui vasouillent ou plutôt qui me barbouillent...

Brock : Attention, ne nous troublons pas. Est-ce que ça vasouille ou ça barbouille ?

Le Tambour : Ça vasouille *(il médite)* mais ça me barbouille bien aussi un peu.
Etc.

Remarque : Toute ressemblance avec un célèbre dialogue n'est que pure coïncidence !

«Allô Docteur»

— Allô Docteur Bobo, j'ai de la fièvre.
— Dites-moi ce qui ne va pas, Mademoiselle Lebon.
— Je ne sais pas, j'ai des vertiges, des vapeurs, des brûlures et des lourdeurs. A votre avis, c'est grave ?
— Mais bien sûr que non
Car avec Asbron
Tous vos maux s'en vont.

C'était votre page de publicité !

 POÈMES

Un enfant a dit

Adieu ma terre ronde
adieu mes arbres verts
je m'en vais dans la tombe
dire bonjour aux vers
— tout poète à la ronde
peut saboter un vers
moi j'éteins la calcombe
et m'en vais boire un verre

Raymond Queneau
«Adieu ma terre ronde» in *L'instant fatal*
© Éditions Gallimard

Pas vu ça

Pas vu la comète
Pas vu la belle étoile
Pas vu tout ça

Pas vu la mer en flacon
Pas vu la montagne à l'envers
Pas vu tant que ça

Mais vu deux beaux yeux
Vu une belle bouche éclatante
Vu bien mieux que ça

Robert Desnos
Extrait de «Youki 1930 Poésie»
in *Destinée arbitraire*
© Éditions Gallimard

DOSSIER 9

les sons

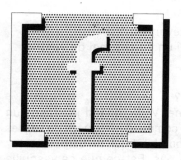

feuille

vent

ÉCOUTE

1. Mettez une croix dans la colonne = si les deux mots sont identiques ou dans la colonne ≠ s'ils sont différents.

2. Mettez une croix là où vous entendez le son **[f]** dans les phrases suivantes. Combien de fois entendez-vous ce son ?

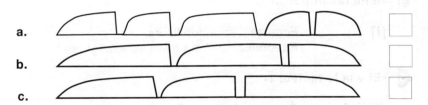

3. Mettez une croix là où vous entendez le son **[v]** dans les phrases suivantes. Combien de fois entendez-vous ce son ?

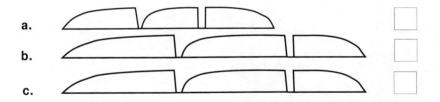

4. Vous allez entendre une suite de mots. Ils contiennent soit le son **[f]** soit le son **[v]**, mettez une croix dans la colonne correspondante.

[f]	[v]

1 **«Visite»**

[v]   *Écoutez :* Je pourrais passer vous voir ?
Répondez : Oh ! oui, quel plaisir que vous passiez me voir !

2 **«Bienvenue»**

[v]   *Écoutez :* Voilà Valérie.
Répondez : Entrez, vous êtes la bienvenue, Valérie.

3 **«J'aime les filles...»**

[f]   *Écoutez :* Ce n'est pas la jeune fille qui vient de Finlande ?
Répondez : Mais si, c'est notre petite finlandaise !

4 **«Il ne fallait pas...»**

[f]   *Écoutez :* Voilà des fleurs.
Répondez : Oh ! des fleurs, il ne fallait pas !

5 **«Et v'là le facteur !»**

[f]/[v]   *Écoutez :* Regarde Fabrice, toujours aussi veinard,
hein ?
Répondez : Ah voilà Fabrice le veinard !

1. Écoutez les phrases suivantes et soulignez la ou les lettres qui correspondent au son **[f]**.

> Il n'y a franchement aucune difficulté à refaire ce fauteuil.
> C'est une jeune fille qui réfléchit, mais elle a parfois un côté impulsif qu'il faudrait réfréner.

Comment s'écrit le son **[f]** ici ?

2. Écoutez les phrases suivantes et soulignez la lettre qui correspond au son **[v]**.

> Revenez nous voir quand vous voudrez, je vous montrerai ma voiture neuve.
> Elle est vraiment pensive, elle traverse une période visiblement dure.

Comment s'écrit le son **[v]** ici ?

3. Remplacer les blancs par la lettre «f» ou «v» selon ce que vous entendez :

> Soyez les bien__enus dans notre demeure __amiliale. Je __ous in__ite à __aire la connaissance de notre __oisin qui est __eu__ et __égétarien. Il nous a con__ectionné de sa__oureux petits __ours.
> Si __ous a__ez soi__, ser__ez-__ous sans __açon.
> C'est un __rai __estin de __ortune que nous a__ons impro__isé pour __êter __otre arri__ée impré__ue, puisque __ous m'a__iez répondu de manière é__asi__e lors de __otre coup de __il.

//////// RÉCRÉATION ////////

Faire l'âne pour avoir du foin

 DIALOGUE

— Oh ! Fabien, ça me fait vraiment plaisir de te voir.
— Moi aussi Viviane, ça fait un temps fou qu'on ne s'est pas vu.
— Et voilà notre vainqueur du jour, Victor Félix, faisons-lui une ovation !
— Et voilà nos chers voisins. Entrez donc, soyez les bienvenus !

Quand les Vauquier invitent les Floquet...

Mme Vauquier :	Comme ça me fait plaisir de vous voir ! Vous avez trouvé facilement ?
Mme Floquet :	Oh ! très vite, sans difficulté.
M. Vauquier :	Bienvenue à vous deux. Donnez-vous la peine d'entrer.
Mme Vauquier :	Oh ! ces fleurs sont vraiment merveilleuses. Mais voyons, il ne fallait pas ! Valérie ma fille, va vite me chercher un vase.
M. Vauquier :	Asseyez-vous donc. Mettez-vous à l'aise. Alors, qu'est-ce que je vous offre ? Vodka, Fendant ? Oh ! j'allais oublier, pour vous Victor, j'ai dans ma cave un petit vin dont j'aimerais bien que vous me donniez des nouvelles. Il se boit du reste en apéritif.
Mme Vauquier :	Alors quoi de neuf ? Vous m'avez l'air en pleine forme !

 POÈME

Jacques Prévert
in *La Pluie et le beau temps*
© Éditions Gallimard

Tant de forêts

Tant de forêts arrachées à la terre
et massacrées
achevées
rotativées

Tant de forêts sacrifiées pour la pâte à papier
des milliards de journaux attirant annuellement l'attention
des lecteurs sur les dangers du
déboisement des bois et des forêts.

58

DOSSIER 10

les sons

serpent

vase

1. Mettez une croix dans la colonne = si les deux mots prononcés sont identiques ou dans la colonne ≠ si les deux mots sont différents.

=	≠

2. Indiquez si le son **[z]** se trouve dans le mot prononcé.

[z]

3. Indiquez si le son **[z]** se trouve dans le 1er ou le 2e mot.

1re	2^e

4. Mettez une croix là où vous entendez le son **[z]** dans les phrases suivantes. Combien de fois entendez-vous ce son ?

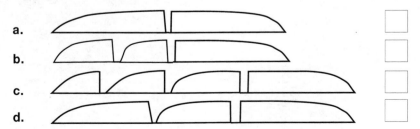

a.

b.

c.

d.

1 **«Mauvaise humeur»**

[z] *Écoutez :* Où as-tu mis ma robe ?
Répondez : Ben, je l'ai mise là-bas, enfin !

2 **«Mais enfin !»**

[z] *Écoutez :* As-tu déjà fait la visite de l'appartement ?
Répondez : Évidemment, il a été visité !

3 **«Plaisanteries»**

[z] *Écoutez :* Il y en a treize.
Répondez : Tu plaisantes, on ne peut pas prendre le treizième !

4 **«Insensé...»**

[s] *Écoutez :* Il est vraiment insouciant.
Répondez : Une telle insouciance, c'est insensé !

5 **«Encore ça !»**

[s] *Écoutez :* Êtes-vous prête à assurer le travail ?
Répondez : Et pourquoi faudrait-il encore que j'assure ça ?

6 **«Incompréhension»**

[s]/[z] *Écoutez :* Il est opposé à ce projet.
Répondez : Vraiment, je ne comprends pas son opposition.

7 **«Opposition systématique»**

[s]/[z] *Écoutez :* Vous savez que nos plans ont été sabotés ?
Répondez : Ils les ont encore sabotés, que c'est agaçant !

1. Écoutez les phrases suivantes et soulignez la lettre qui correspond au son **[z]**.

> C'est un désert au sable rose dans lequel se trouvent des zèbres qu'on ne voit pas au zoo.
> Le vase repose sur un socle peu visible.

Comment s'écrit le son **[z]** ici ?

2. Écoutez les phrases suivantes et soulignez la ou les lettres qui correspondent au son **[s]**.

> J'ai acheté des chaussures qui sont solides mais trop serrées.
> Il est insupportable lorsqu'il se passionne pour les courses automobiles.

Comment s'écrit le son **[s]** ici ?

3. Remplacer les blancs par la lettre «s» ou «ss» selon ce que vous entendez :

> C'est un poi__on bien a__ai__onné à la chair ro__ée.
> Où po__er ce de__ert appéti__sant mais a__ez peu pré__entable ?
> Il est a__ez amu__ant quand il plai__ante.
> Vous connai__ez cette dan__eu__e qui pa__e ce __oir à la télévi__ion.

Cœur qui soupire n'a pas ce qu'il désire

LES MOTS CACHÉS

Cherchez les mots cachés contenant le son **[z]**. Les mots peuvent se lire dans n'importe quel sens : horizontalement et verticalement, mais aussi diagonalement, de bas en haut et de droite à gauche. Il y en a trente-quatre.

Exemple : *pèse* (vertical) de bas en haut.

P	U	N	A	I	S	E	S	I	R	E	C
L	D	O	S	E	S	E	T	I	S	E	H
A	S	A	I	S	O	N	Z	U	T	S	A
I	C	I	E	M	A	G	A	S	I	N	I
S	A	R	D	E	S	A	E	U	S	E	S
A	M	I	S	E	I	Z	E	R	O	S	E
N	U	E	S	S	N	U	L	E	S	E	S
T	S	U	E	O	O	R	U	S	E	P	A
E	E	S	C	A	S	E	S	O	R	O	M
R	V	E	I	S	E	O	P	P	O	S	E

DIALOGUES

— Alors César, tu es satisfait de ton pèse-tabac ?
— Non, il ne sert à rien, c'est une invention sans intérêt.

— Oh, mais vous avez acheté un nouveau système à mesurer la pollution !
— Ne m'en parlez pas, je n'ai pas encore réussi à le poser.

— Dis voir Suzanne, ton allume-gaz à trois vitesses, il fonctionne comment ?
— Je n'en sais rien, il est impossible à utiliser.

LETTRE DE RÉCLAMATION

Lausanne, le 25 septembre 1987

Monsieur,

A l'instant je reçois par la poste le système d'arrosage solaire que je vous avais commandé sur catalogue, le 15 septembre 1987 et j'ai le regret de vous informer que je ne suis pas satisfait du tout.

Vos indications sont très peu précises et en cherchant à installer le système, je me suis aperçu de certains vices de construction concernant l'assemblage qui ne garantissent aucunement le bon fonctionnement du dispositif.

Dans ces circonstances, il me semble que la meilleure solution est de vous renvoyer l'appareil défectueux. Cependant, il va de soi que cette invention m'intéresse toujours autant et j'attends avec impatience votre nouvel envoi.

Je vous remercie par avance de l'attention que vous porterez à ma réclamation et vous prie de recevoir, Monsieur, l'expression de mes salutations distinguées.

César Sitron

Questions :

1) Comment expliquez-vous ce système d'arrosage solaire ?
Comment, selon vous, fonctionne-t-il ?

2) Inventez un objet et écrivez une lettre de réclamation sur le modèle ci-dessus, puis lisez-la à haute voix.

POÈMES

Les vaches

Des secrets dorment dans les herbes.
Les vaches les connaissent bien.
Et, muettes comme les herbes,
Font semblant, les regards au loin,
De ne jamais penser à rien.

Maurice Carême
in *La lanterne magique*
© Fondation Maurice Carême,
Bruxelles

Sais-je encore ce que je veux...

Sais-je encore ce que je veux
Depuis si longtemps que je t'aime...
J'entends ton cœur battre en moi-même
Et vois les choses par tes yeux.

Je sens partout dans la maison
Ta tendresse autour de la mienne,
Cette chaude tendresse dont
Frémit aujourd'hui mon poème.

Et aussi loin que je m'engage
Dans l'ombre de mes souvenirs,
Je vois les saisons refleurir
Sous les lignes de ton visage.

Maurice Carême
in *La maison blanche*
© Fondation Maurice Carême,
Bruxelles

La cravate

LA CRAVATE
DOU
LOU
REUSE
QUE TU
PORTES
ET QUI T'
ORNE O CI
VILISÉ
OTE-   TU VEUX
LA   BIEN
SI   RESPI
          RER

Guillaume Apollinaire

DOSSIER 11

les sons

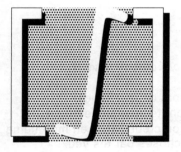

chante

nage

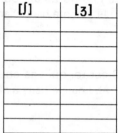
1. Mettez une croix dans la colonne = si les deux mots prononcés sont identiques ou dans la colonne ≠ s'ils sont différents.

1ʳᵉ	2ᵉ

2. Indiquez si vous entendez le son [ʃ] ou le son [ʒ] dans les mots suivants :

[ʃ]	[ʒ]

3. Indiquez si vous entendez le son [ʃ] dans le 1ᵉʳ ou le 2ᵉ mot :

1ʳᵉ	2ᵉ

4. Mettez une croix là où vous entendez le son [ʒ] dans les phrases suivantes. Combien de fois entendez-vous ce son ?

a.

b.

c.

❶ «J'ai envie...»

[ʒ]   *Écoutez :* Tu vas bouger de là après ce qu'il t'a dit ?
        Répondez : Oh ! oui, j'ai bien envie de bouger de là.

❷ «Gentil passe-temps»

[ʒ]   *Écoutez :* Jardiner, ça te plairait ?
        Répondez : Oh ! oui, j'aimerais bien faire un peu de
        jardinage.

❸ «Chaque chose en son temps»

[ʃ]   *Écoutez :* Tu chanteras un jour ?
        Répondez : Je compte bien chanter, mais plus tard.

❹ «À chacun son rôle»

[ʃ]   *Écoutez :* C'est toi qui vas chercher Charles ?
        Répondez : Ah ! oui, je tiens à aller le chercher moi-même.

❺ «Charmants projets»

[ʒ] / [ʃ]   *Écoutez :* Tu crois qu'il faudrait marchander ces
              bijoux ?
              Répondez : Ces bijoux ? Mais j'ai bien l'intention de les
              marchander !

1. Écoutez la phrase suivante et soulignez les lettres qui correspondent au son **[ʃ]**.

Il sait utiliser son charme quand il veut échaffauder des plans ou marchander quelque chose.

Comment s'écrit le son **[ʃ]** ici ?

2. Écoutez les phrases suivantes et soulignez la lettre qui correspond au son **[ʒ]**.

Je vais changer cette jupe beige, le tissu est trop rigide.
Il faut toujours qu'il juge les gens sur leur mine.

Comment s'écrit le son **[ʒ]** ici ?

3. Remplacez les blancs par les lettres «ch» ou «g» selon ce que vous entendez.

Il a__it __aque fois sans réflé__ir et avec beaucoup de sans-__ êne. Si on veut l'obli__er à __an__er, il se dé__aîne, ru__it comme un lion en ca__e et __oisit de prendre un air ven__eur.

4. Remplacez les blancs par les lettres «ch» ou «j» selon ce que vous entendez.

Si __e ne peux pas vous __oindre au téléphone, __e __oisirai moi-même les __umelles que vous __er__iez.
Vous pouvez a__outer ma __aîne en or __aune et ma bro__e en __ade aux bi__oux que __e veux é__anger.

On ne peut ménager la chèvre et le chou

Campagne électorale

— Monsieur Chalon, que pensez-vous faire pour protéger nos champs et nos pâturages contre les pluies acides ?

— Eh bien ! eh bien ! j'envisage de réunir nos chimistes les plus chevronnés pour rechercher ensemble une solution à ce problème fâcheux !

— Alors Monsieur Duchemin, comment allez-vous lutter contre le racisme chez les jeunes ?

— J'aimerais bien y arriver un jour en leur prêchant, si je puis dire, la tolérance et la charité dès le plus jeune âge.

— Alors Général Bichon, seriez-vous prêt à utiliser l'énergie solaire pour le chauffage de vos bâtiments ?

— Vous n'y songez pas ! J'ai l'intention d'installer prochainement un système de chauffage par énergie nucléaire.

Les projets de Jeanne Chala

Le présentateur : Et voici notre plus jeune chanteuse : Jeanne Chala *(applaudissements)*. Jeanne Chala que nous avons la joie d'accueillir aujourd'hui, dans ce show. Alors Jeanne, quels sont vos projets ?

Jeanne Chala : Tout d'abord, je compte me rendre au Japon pour une série d'enregistrements. Je songe ensuite à voyager quelque temps, juste pour le plaisir. Et puis, j'ai également l'intention de changer quelques morceaux. J'aimerais choisir des succès étrangers. J'ai aussi envie de m'acheter une maison, je pense prendre quinze jours pour ça ! Voilà !

Le présentateur : Merci Jeanne. J'espère vous revoir bientôt et je vous souhaite un bon voyage au Japon.

Jeanne Chala : Merci ! Merci beaucoup ! Mais avant de vous quitter, je tiens à vous chanter une dernière chanson.

 POÈME

Le temps l'horloge

L'autre jour j'écoutais le temps
qui passait dans l'horloge.
Chaînes, battants et rouages
il faisait plus de bruit que cent
au clocher du village
et mon âme en était contente.
J'aime mieux le temps s'il se montre
que s'il passe en nous sans bruit
comme un voleur dans la nuit.

Jean Tardieu
extrait de «Plaisanterie»
in *L'accent grave l'accent aigu*
© Editions Gallimard

DOSSIER 12

les sons

serpent

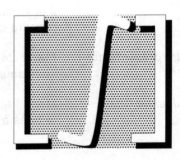

chante

1. Mettez une croix dans la colonne = si les deux mots prononcés sont identiques ou dans la colonne ≠ s'ils sont différents.

=	≠

2. Indiquez si vous entendez le son **[s]** ou le son **[ʃ]** dans les mots suivants :

[s]	**[ʃ]**

3. Mettez une croix là où vous entendez le son **[ʃ]** dans les phrases suivantes. Combien de fois entendez-vous ce son ?

a.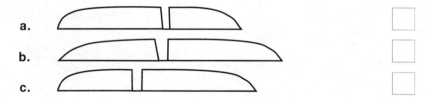

b.

c.

4. Mettez une croix là où vous entendez le son **[s]** dans les phrases suivantes. Combien de fois entendez-vous ce son ?

a.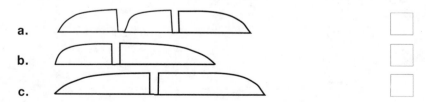

b.

c.

❶ «Même chose»

[ʃ]   *Écoutez :* Mon châle lui plaît, tu crois ?
         Répondez : Et comment, elle voudrait le même châle que toi !

❷ «Chouette alors»

[ʃ]   *Écoutez :* Dis donc, il vient Charles ?
         Répondez : Oh ! oui, pourvu que Charles vienne !

❸ «Douce chimère»

[s]/[ʃ]   *Écoutez :* La douche ne marche pas hein ?
            Répondez : Ah ! si seulement la douche marchait !

❹ «Espoirs chéris»

[s]/[ʃ]   *Écoutez :* Il l'a déjà chanté ?
            Répondez : Non, mais il espère pouvoir le chanter sous peu.

ÉCRITURE

1. Écoutez les phrases suivantes et soulignez les lettres qui correspondent au son **[ʃ]** :

> Il s'acharne à cacher son chéquier et chaque fois il met des jours à le rechercher.
> Il m'a acheté une broche très chouette.

Comment s'écrit le son **[ʃ]** ici ?

2. Écoutez les phrases suivantes et soulignez la ou les lettres qui correspondent au son **[s]**.

> Je suis stupide d'avoir cassé la superbe tasse qui me vient de ma sœur.
> J'espère qu'elle ne sera pas trop triste.

Comment s'écrit le son **[s]** ici ?

3. Remplacez les blancs par les lettres «ch» ou «ss» selon ce que vous entendez.

> Il voudrait trouver un __âlet avec une __eminée car il aime par de__us tout pa__er les diman__es d'hiver, a__is au coin du feu, pour se ré__auffer des mar__es dans les __emins __ampêtres.

4. Remplacez les blancs par les lettres «ch» ou «s» selon ce que vous entendez.

> Il __ouhaite a__ever __on manu__crit avant de le __oumettre à l'éditeur.
> Il prend __a tâ__e au __érieux, il __ort de __ez lui __eulement pour faire les a__ats indi__pen__ables.

RÉCRÉATION

Un chasseur sachant chasser sans son chien...

 DIALOGUES

— J'espère le rencontrer prochainement !
— Qui ça ?
— Ben voyons, le prince charmant !

— Tout ce que je souhaite, tu vois, c'est une chouette petite maison
au beau milieu des champs.
— Avec cinq vaches et six cochons, comme c'est charmant !

— Ben alors Charlotte, qu'est-ce qui se passe ?
— Ah, si tu savais !
— Si je savais quoi ?
— Ah, si seulement !
— Mais si seulement quoi ?
— Si seulement Sadona venait chanter à Chermignon !
— A Chermignon-dessus ou Chermignon-dessous ?

— Si on passait chez Chantal, j'ai envie de la revoir !
— Tu sais, elle va se marier !
— Quoi, tu en es certain ?
— Que veux-tu, qui va à la chasse perd sa place !

— J'espère que ça va marcher !
— Quoi, la dissertation sur Chateaubriand ?
— Mais non, le concert rock de dimanche soir !

Chez Sam

Simon : Ah si seulement ça pouvait marcher !
Charles : Quoi donc ?
Simon : Ben, le boulot ! Ça fait six mois que je cherche. Chaque jour,
j'achète *La Tribune du Soir* et puis...
Charles : T'épluches toutes les petites annonces ?
Simon : Ah ça oui ! Mais là, tu vois, ça a l'air chouette, bon salaire et
tout, je voudrais bien l'avoir.
Charles : J'espère que tu le décrocheras.
Simon : Tout ce que je souhaite, c'est de sortir de cette situation le
plus vite possible. Chômeur à cinquante ans, je t'assure,
c'est la poisse.
Charles : Et oui, pourvu que ça marche. A ta santé Simon et bonne
chance.
Simon : Santé Charles !

 POÈMES

Le chameau

Un chameau entra dans un sauna.
Il eut chaud,
Très chaud,
Trop chaud.
Il sua,
Sua,
Sua.
Une bosse s'usa,
S'usa,
S'usa.
L'autre bosse ne s'usa pas.
Que crois-tu qu'il arriva ?
Le chameau dans le désert
Se trouva dromadaire.

Le dromadaire

Si j'avais deux bosses au dos
m'a confié un vieux dromadaire
aussi sobre que lapidaire
on me traiterait de chameau

La ménagerie de Noël
«Enfance heureuse»
© Ed. Ouvrières, 1980

Pierre Coran
in *La tête en fleur*
© Le Cyclope

DOSSIER 13

les sons

vase

sage

 ÉCOUTE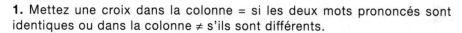

1. Mettez une croix dans la colonne = si les deux mots prononcés sont identiques ou dans la colonne ≠ s'ils sont différents.

=	≠

2. Indiquez si vous entendez le son **[z]** ou le son **[ʒ]** dans les mots suivants :

[z]	[ʒ]

3. Mettez une croix là où vous entendez le son **[z]** dans les phrases suivantes. Combien de fois entendez-vous ce son ?

a.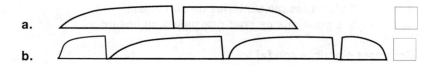

b.

4. Mettez une croix là où vous entendez le son **[ʒ]** dans les phrases suivantes. Combien de fois entendez-vous ce son ?

a.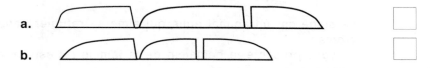

b.

////////////// GAMMES ///////////////

❶ **«Julie, Benjamin, Jérôme et les autres»**

[ʒ]　　　*Écoutez :* Je vous présente Julie.
　　　　Répondez : Bonjour Julie.

❷ **«Quelle joie !»**

[ʒ]　　　*Écoutez :* Voici quelqu'un qui nous arrive de Belgique.
　　　　Répondez : Ah ! ravi de rencontrer un Belge.

❸ **«Plaisir partagé»**

[z]/[ʒ]　　*Écoutez :* Jacques, enchanté de vous connaître.
　　　　Répondez : Mais tout le plaisir est pour moi, Jacques.

////////////// ÉCRITURE ///////////////

1. Écoutez les phrases suivantes et soulignez la lettre qui correspond au son **[z]** :

Il utilise les plaisanteries de son voisin.
Ses positions ne sont pas prises au hasard.

Comment s'écrit le son **[z]** ici ?

2. Écoutez les phrases suivantes et soulignez les lettres qui correspondent au son **[ʒ]** .

Le singe est un animal agile qui aime se réfugier dans les arbres.
Je vous présente le benjamin de la famille : c'est un jeune garçon qui vit en Égypte.

Comment s'écrit le son **[ʒ]** ici ?

3. Remplacez les blancs par les lettres «s» ou «g» selon ce que vous entendez.

> Voilà mon cou__in __ermain qui est de passa__e à __enève et qui a eu la __entillesse de nous faire l'honneur de sa pré__ence.

4. Remplacez les blancs par les lettres «s» ou «j» selon ce que vous entendez.

> __acqueline a fait un sé__our au __apon. Elle m'a fait le plai__ir de me rapporter un pré__ent : une __upe __aune qu'elle a __oint à un très __oli chemi__ier ro__e framboi__e.

///////////////// RÉCRÉATION //////////////////

Bonjour ma cousine, bonjour mon cousin Germain

 DIALOGUES

> — Il me semble que je vous ai déjà vu quelque part.
> — Vous plaisantez, j'espère ! Mais nous sommes voisins, nous habitons le même étage !
> — Excusez-moi, je ne suis pas très physionomiste !

> — Mademoiselle Julie, permettez-moi de vous présenter mon cousin Jacques !
> — Bonjour Jacques, je suis heureuse de vous connaître.
> — Tout le plaisir est pour moi Mademoiselle Julie.

> — Bonjour ! Je m'appelle Justin.
> — Salut, moi c'est Zoé.
> — T'as de beaux yeux, tu sais !

— Messieurs, j'ai le plaisir de vous présenter ce soir notre nouveau trésorier M. Jean Germanier !

— *(avec l'accent genevois)* J'ose me présenter : Gérard Zuber !
— Mais osez, osez. Dites-moi, vous habitez Genève, vous ?
— Vous avez deviné comment ?

Voix d'enfants :
— Bonjour, c'est quoi ton nom ?
— Jonas. Et toi, tu t'appelles comment ?
— Julien. J'ai onze ans et toi ?
— Moi, j'ai dix ans. On va jouer ?
— Ouais !

 *«Comme c'est bizarre, comme c'est étrange»**

M. Martin :	Mes excuses, Madame, mais il me semble, si je ne me trompe, que je vous ai déjà rencontrée quelque part.
Mme Martin :	A moi aussi, Monsieur, il me semble que je vous ai déjà rencontré quelque part. [...]
M. Martin :	Depuis que je suis arrivé à Londres, j'habite rue Bromfield, chère Madame.
Mme Martin :	Comme c'est curieux, comme c'est bizarre ! moi aussi, depuis mon arrivée à Londres j'habite rue Bromfield, cher Monsieur. [...]
M. Martin :	Je demeure au n°19, chère Madame.
Mme Martin :	Comme c'est curieux, moi aussi j'habite au n°19, cher Monsieur.
M. Martin :	Mais alors, mais alors, mais alors, mais alors, mais alors, nous nous sommes peut-être vus dans cette maison, chère Madame ?
Mme Martin :	C'est bien possible, mais je ne m'en souviens pas, cher Monsieur.
M. Martin :	Mon appartement est au cinquième étage, c'est le n°8, chère Madame.
Mme Martin :	Comme c'est curieux, mon Dieu, comme c'est bizarre ! et quelle coïncidence ! moi aussi j'habite au cinquième étage, dans l'appartement n° 8, cher Monsieur !
M. Martin : *(songeur)*	Comme c'est curieux, comme c'est curieux, comme c'est curieux et quelle coïncidence ! vous savez, dans ma chambre à coucher j'ai un lit. Mon lit est couvert d'un édredon vert. Cette chambre, avec ce lit et son édredon vert, se trouve au fond du corridor, entre les waters et la bibliothèque, chère Madame !

Mme Martin :	Quelle coïncidence, ah mon Dieu, quelle coïncidence ! Ma chambre à coucher a, elle aussi, un lit avec un édredon vert et se trouve au fond du corridor, entre les waters, cher Monsieur, et la bibliothèque !
M. Martin :	Comme c'est bizarre, curieux, étrange ! alors, Madame, nous habitons dans la même chambre et nous dormons dans le même lit, chère Madame. C'est peut-être là que nous nous sommes rencontrés !
Mme Martin :	Comme c'est curieux et quelle coïncidence ! C'est bien possible que nous nous y soyons rencontrés, et peut-être même la nuit dernière ! Mais je ne m'en souviens pas, cher Monsieur ! [...]
M. Martin :	Alors, chère Madame, je crois qu'il n'y a pas de doute, nous nous sommes déjà vus et vous êtes ma propre épouse... Élisabeth, je t'ai retrouvée!
Mme Martin :	Donald, c'est toi, darling !

Extraits de *La Cantatrice chauve* de Ionesco, scène 1, coll. Folio
© Éditions Gallimard

 **POÈME**

La nuit de janvier

Quand Monsieur Pélican, lassé d'un long voyage,
Dans les brouillards du soir retourne à Palaiseau,
Il range son auto dans le fond du garage,
Il embrasse Madame (Oh ! t'as froid le museau !),
Ses petits affamés de yéyé, leur passion,
Puis se jette devant sa té-lé-vi-si-on.

Éditions le Terrain vague
© Bernard Lorraine

DOSSIER 14

les sons

cœur

goutte

1. Mettez une croix dans la colonne = si les deux mots prononcés sont identiques ou dans la colonne ≠ s'ils sont différents.

=	≠

2. Indiquez si vous entendez le son **[k]** ou le son **[g]** dans les mots suivants :

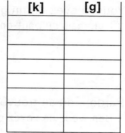

[k]	**[g]**

3. Mettez une croix là où vous entendez le son **[k]** dans les phrases suivantes. Combien de fois entendez-vous ce son ?

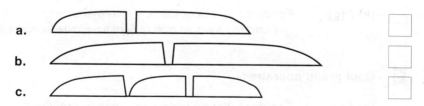

a.

b.

c.

4. Mettez une croix là où vous entendez le son **[g]** dans les phrases suivantes. Combien de fois entendez-vous ce son ?

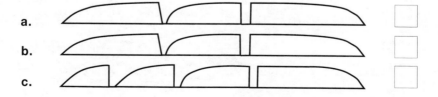

a.

b.

c.

///////////////// GAMMES ///////////////

1 **«Connaissances»**

[k]　　　　　　*Écoutez :* Il faut de la farine.
　　　　　　　Répondez : Oui, mais sais-tu au juste combien ?

2 **«Questions de choix»**

[k]　　　　　　*Écoutez :* J'aurais besoin d'un costume.
　　　　　　　Répondez : Oui, mais quel costume choisir ?

3 **«Engagements»**

[g]　　　　　　*Écoutez :* Vous m'avez dit un guide ?
　　　　　　　Répondez : Oui, mais où peut-on engager un guide ?

4 **«Géographie»**

[g]　　　　　　*Écoutez :* Pardon, où se trouve la gare ?
　　　　　　　Répondez : Ben, vous ne voyez pas la gare, là, à gauche ?

5 **«Il n'est pire aveugle que celui qui ne veut pas voir»**

[k] / [g]　　　*Écoutez :* Le télégramme s'il te plaît.
　　　　　　　Répondez : Mais de quel télégramme veux-tu parler ?

6 **«Quel grand courage !»**

[k] / [g]　　　*Écoutez :* J'ai dû les guider dans le brouillard.
　　　　　　　Répondez : Mais explique-nous comment tu les as guidés.

ÉCRITURE

1. Écoutez les phrases suivantes et soulignez la lettre ou les lettres qui correspondent au son **[k]**.

> Il a couru pour arriver à quatre heures et quart mais le car était déjà parti lorsqu'il est arrivé.

Comment s'écrit le son **[k]** ici ?

2. Écoutez la phrase suivante et soulignez la lettre qui correspond au son **[g]**.

> Je vais garer ma voiture et demander au garagiste qu'il regonfle mes pneus.

Comment s'écrit le son **[g]** ?

3. Remplacez les blancs par les lettres «g» ou «c» selon ce que vous entendez.

> Il a __onfié ses __ants en __uir à sa __opine pour qu'elle les re__ouse. Il a dé__laré ne pas vouloir __oûter cette entre__ôte à la sauce ai__re. __omment peut-il __arder un aussi __rand __ourage après une telle __atastrophe ?

4. Remplacez les blancs par les lettres «g» ou «qu» selon ce que vous entendez.

> __elle mouche l'a pi__é __and nous avons __itté la __alerie ? Il a fait toutes sortes de __rimaces au __ardien __i l'a re__ardé d'un air __o__uenard.

C'est dans les grands dangers qu'on voit un grand courage

FAIT DIVERS

QUI ?   : Un jeune garçon prénommé Guillaume
OÙ ?   : Cannes
QUOI ?   : a fait une fugue
COMMENT ?   : à bicyclette
QUAND ?   : mercredi
CAUSE ?   : mauvais carnet scolaire
CONSÉQUENCE ? : Ses parents s'inquiètent. Le commissaire Guérard
                  mène l'enquête.

Rédigez à partir de ces éléments un texte style fait divers pour un journal local.

 DIALOGUES

— Excusez-moi, quelle heure est-il ?
— Quatre heures et quart.
— Merci beaucoup !

— Combien coûte le gigot ?
— Quarante francs le kilo, Madame Guérin.

— Dis donc, Guy, quand est-ce que tu nous quittes ?
— Pourquoi ?
— Oh comme ça, simple curiosité !

— Comment aller à la gare s'il vous plaît ?
— Après le carrefour, vous prenez la première rue à gauche,
   vous continuez tout droit, environ cent cinquante mètres et
   en face d'un grand garage, vous verrez la gare.
— Merci
— Pas de quoi !

Répondez à ces questions et jouez les scènes :

— Comment aller au Casino ?
— Quel est le garage le plus proche ?
— Vous connaissez une discothèque par là ?

«*A la compagnie aérienne GALAIR*»

L'employé	:	Monsieur bonjour, je vous écoute !
Un client	:	J'aimerais quelques renseignements.
L'employé	:	Oui, pour quelle destination ?
Un client	:	Maroc, Agadir.
L'employé	:	Quand voulez-vous partir ?
Le client	:	Le 5 octobre prochain.
Employé	:	Vous partez seul ?
Client	:	Non, nous serons quatre. Dites-moi, est-ce que le vol est direct ?
Employé	:	Non, vous faites une escale à Casablanca. Je fais une réservation ?
Client	:	Oui, s'il vous plaît, au nom de Gaston Lagaffe*.
Employé	:	Comment ?
Client	:	Vous avez bien compris, l'autre c'est un vague cousin.

* héros de bande dessinée.

 POÈME

Le ski

Un garçon glissant sur ses skis,
disait : «Ah ! le ski, c'est exquis
je me demande bien ce qui
est plus commode que le ski.»

Comme il filait à toute allure,
un rocher se dressa soudain.
Ce fut la fin de l'aventure.
Il s'écria, plein de dédain :

«Vraiment, je ne suis pas conquis,
je n'ai bu ni vin, ni whisky
et cependant, je perds mes skis.
Non, le ski, ce n'est pas exquis.»

Lorsqu'une chose nous dérange,
Notre avis change.

© Pierre Gamarra

DOSSIER 15

les sons

riz

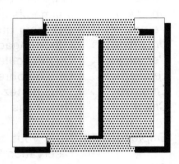

la

goutte

ÉCOUTE

1. Mettez une croix dans la colonne = si les deux mots prononcés sont identiques ou dans la colonne ≠ s'ils sont différents.

[R]/[l]

=	≠

2. Vous allez entendre une suite de mots, ils contiennent soit le son **[R]** soit le son **[l]**, mettez une croix dans la colonne correspondante.

[R]	[l]

3. Indiquez si le son **[l]** se trouve dans la 1ʳᵉ ou dans la 2ᵉ syllabe des mots suivants :

1ᵉʳ	2ᵉ

4. Mettez une croix dans la colonne = si les deux mots prononcés sont identiques ou dans la colonne ≠ s'ils sont différents.

[R]/[g]

=	≠

5. Indiquez si le son **[R]** se trouve dans la 1ʳᵉ ou dans la 2ᵉ syllabe des mots suivants :

1ᵉʳ	2ᵉ

6. Indiquez si les deux sons **[R]** et **[g]** se trouvent dans le même mot.

[R] + [g]

1 **«Atmosphère»**
Le son **[R]** se trouve en position finale.
[R]   *Écoutez :* Tu as vu la peur qu'elle a ?
              Répondez : Moi aussi, tu sais, j'ai une de ces peurs !

2 **«Allez savoir pourquoi»**
Le son **[R]** se trouve en position intermédiaire.
[R]   *Écoutez :* Comment peut-on avoir la trouille* ?
              Répondez : C'est vrai, je ne sais pas pourquoi j'ai la trouille.
* avoir peur en langue familière

3 **«Rares instants»**
Le son **[R]** se trouve en position initiale du mot.
[R]   *Écoutez :* Lui, il est plutôt du genre rêveur.
              Répondez : Ben, c'est comme moi, je me sens rêveuse en ce
                          moment.

4 **«Avoir l'air»**

[R]/[l]   *Écoutez :* Dis donc, je ne te connaissais pas cette lenteur.
                  Répondez : Mais alors, pourquoi ai-je l'air si lente par moments ?

5 **«Quelle appréhension»**

[R]/[l]   *Écoutez :* Il faut absolument lire de nouveau ton manuscrit.
                  Répondez : Oui, mais j'ai peur de le relire.

6 **«Oh là ! Quel moral !»**

[R]/[l]   *Écoutez :* Dis donc, tu me parais bien énergique !
                  Répondez : Oh là là, quelle énergie j'ai, aujourd'hui !

7 **«Drôle de goût»**

[R]/[g]   *Écoutez :* Tu te rends compte, il faut que je la guérisse !
                  Répondez : Et bien moi, je préfère ne pas avoir à la guérir !

8 **«Gare à l'humeur !»**

[R]/[g]   *Écoutez :* Tu ne veux pas le goûter encore une fois ?
                  Répondez : Oh ! je ne me sens pas d'humeur à le regoûter !

1. Écoutez les phrases suivantes et soulignez la ou les lettres qui correspondent au son **[R]**.

> Elle a peur de retourner la voir, car elle n'a pas pu lui arranger le rendez-vous promis.

Comment s'écrit le son **[R]** ici ?

2. Écoutez les phrases suivantes et soulignez les lettres qui correspondent au son **[l]**.

> Elle est lente à se mettre au travail mais une fois qu'elle est lancée, elle ne le lâche plus avant de l'avoir conclu.

Comment s'écrit le son **[l]** ici ?

3. Écoutez les phrases suivantes et soulignez la lettre qui correspond au son **[g]**.

> Gustave n'a pas gagné ce concours mais cela lui est égal car il n'a pas beaucoup de goût pour le golf ni de grandes ambitions.

Comment s'écrit le son **[g]** ici ?

4. Remplacer les blancs par les lettres «l» ou «r» selon ce que vous entendez.

> Tu me pa_ais bien éne_vé quand tu te _èves. Tu dev_ais _etou_ner voi_e docteu_ pou_ qu'i_ te donne un ca_mant. C'est _assant et t_ès dép_aisant quand tu gesticu_es sans _aison va_ab_e. Je ne comp_ends v_aiment pas, je t'ai connu si p_acide aut_efois.

5. Remplacer les blancs par les lettres «r», «g» ou «gr» selon ce que vous entendez.

> Il a _a_anti de nous en_ager si nous _impions su_ le toit du _a_age pou_ _épa_er la _outtiè_e et pou_ _e_ouper les a_doises qui avaient dé_in_olé la pente.

///////////// RÉCRÉATION /////////////

Rira bien qui rira le dernier

 DIALOGUES

— Alors, ça va ?
— Super bien, ça marche très fort. J'ai beaucoup de travail, mais comme c'est intéressant, je ne me plains pas !
— Tu en as de la chance !

— Alors en forme ?
— Ça pourrait aller mieux !

— Mais allez, fais un effort, souris à la vie !
— Ah ! ce que je peux être déprimé !

— Alors, heureuse ?
— Non, j'en ai marre !

— Regarde, c'est horrible !
— Je préfère ne pas regarder !

— Allez, saute !
— Arrête ! J'ai la trouille.

Regrets

Mme Guérin : *(soupirs)* Je regrette vraiment Monsieur Garcia, de ne pouvoir vous accompagner à la gare, mais ma voiture est au garage, vous comprenez, et...

M. Garcia : *(soupirs)* Mais cela ne fait rien, Madame Guérin, je me débrouillerai. Passez-moi encore une fois votre horaire, je veux regarder l'heure de ma correspondance pour Madrid. Je suis triste de regagner l'Espagne si rapidement.

Mme Guérin : *(soupirs)* C'est vrai, mais ce n'est pas grave, nous nous reverrons l'été prochain.

M. Garcia : *(soupirs)* Comme le temps a vite passé, déjà il faut se dire au revoir.

Mme Guérin : *(soupirs)* Que voulez-vous, c'est la vie !

POÈMES

La rose

Rose rose, rose blanche,
Rose thé,
J'ai cueilli la rose en branche
Au soleil de l'été.
Rose blanche, rose rose,
Rose d'or,
J'ai cueilli la rose éclose
Et son parfum m'endort.

Robert Desnos
in *Chantefables et Chantefleurs* © Gründ

Lettre d'amour

Épinal, 1960

Si l'on me demandait un certificat d'existence et que j'eusse à répondre l'exacte vérité, on serait bien surpris que ce fût pour et par l'amour d'une femme exclusivement.

J'ai reçu ton message. Dieu ou diable fasse que jamais d'autres personnes ne m'écrivent : vos lettres m'empêcheraient de les lire ou d'y répondre. (...) Cette spontanéité, cette jeunesse, ce sang vermeil et chaud, c'est mon soleil rouge, mes couleurs, mon été.

Vous n'êtes qu'une fleur jeune et belle. Vous êtes la rose du Petit Prince et puis, aussi, son renard et ses mille quatre cent quarante couchers du soleil. Je marche avec vous dans les yeux. Il ne faut pas raisonner, il ne faut plus. Il faut penser par amour, penser juste. On ne raisonne que par la tête, mais on pense - aussi - avec son cœur. Je hais les raisonnements, surtout logiques.

Votre belle lettre ne raisonne pas. Elle me parle, elle chante, elle se révolte, elle crie ! (...)

Je vous aime et vous couvre de baisers. Vous, ma Lumière, (...), mon Amour.

Extrait d'une lettre de *Lettres d'Amour d'un soldat de vingt ans,* Jacques Higelin, © Grasset, 1987

La rue Galilée

Pourquoi n'a-t-on jamais chanté
  la rue Galilée
la rue Galilée pleine de dahlias
la rue Galilée pleine d'hortensias
la rue Galilée aux nobles frontons
la rue Galilée aimée des piétons
la rue Galilée bordée de canaux
la rue Galilée chérie des autos
la rue Galilée terriblement belle
la rue Galilée qui est vraiment celle
  qu'il me faut chanter
  en prose et en vers
  à tout l'univers
  la rue Croix-Nivert

Rue Volta

La petite échoppe ancienne
au cinq de la rue Volta
rareté électricienne
dont le nom s'égara là
garala garala
garala pile à Volta

Raymond Queneau
in *Courir les rues*
© Éditions Gallimard

Au galop

Prends ton plus beau cheval blanc
et ta cravache et tes gants
cours à la ville au plus tôt
et regarde le beau château
le beau château dans la forêt
qui perd ses feuilles sans regret
au galop au galop mon ami
tout n'est pas rose dans la vie

© Philippe Soupault
Chansons, 1921

La guerre déclarée
j'ai pris mon courage
à deux mains
et je l'ai étranglée

Jacques Prévert
Extrait de «Adonides» in *Fatras*
© Éditions Gallimard

Pot-pourri

Non, rien de rien
Non, je ne regrette rien

Parlez-moi d'amour
Dites-moi des choses tendres

Plaisir d'amour
Ne dure pas toujours

Quand tu me prends dans tes bras
Que tu murmures tout bas
Je vois la vie en rose
Tu me dis des mots d'amour
Des mots de tous les jours
Ça me fait quelque chose

Quand on a que l'amour
A offrir en partage

Il faut savoir

L'amour est là
Qui nous prend dans ses bras
Oh là là là
C'est magnifique

 Aubin Imprimeur, 86240 Ligugé. – Achevé d'imprimer : janvier 2006-11 – Impr.P 69560